ADHS
Selbsthilfe
STRATEGIEN FÜR
ÄLTERE FRAUEN

TIPPS, DIE IHNEN HELFEN, ALS ÄLTERE FRAU IHR ADHS UNTER KONTROLLE ZU BEKOMMEN

STELLA O. MAURICE

0

INHALTSVERZEICHNIS

EINFÜHRUNG

Ich war 53, als mir mein Berater mitteilte, dass ich ADHS habe. Ich wusste noch nie von der Krankheit, aber ich fühlte mich besser, als ich hörte, dass ich sie ertragen konnte. Bevor ich von meiner Erkrankung erfuhr, hatte ich mit mangelnder Vorsicht, Ängsten und Konzentrations- und Assoziationsproblemen zu kämpfen. Ich war ständig im Rückstand und hatte Mühe, konzentriert zu bleiben.

Mein ADHS ist für mich lebenswichtig. Es liegt mir im Blut und wird in jedem Teil meines Lebens kommuniziert. Durch Verschreibung und Übung habe ich außergewöhnliche Schritte zur Kontrolle meiner Symptome unternommen. Ich bin jetzt davon überzeugt, dass mein ADHS vielleicht zu meinen früheren Kämpfen beigetragen hat, aber nicht ganz in Stein gemeißelt ist, um als erfahrenere Frau mit ADHS ein glückliches und gesundes Leben weiterzuführen.

Meine ADHS hat mich dazu bewegt, wichtigere Dinge zu erreichen, von denen ich nie gedacht hätte, dass ich sie erreichen könnte, und meine ADHS hat mich dazu veranlasst, dieses Buch zu schreiben, um meine Kämpfe zu teilen und wie ich damit gelebt habe.

Erwachsene mit Aufmerksamkeitsdefizit-Hyperaktivitätsstörung (ADHS), früher bekannt als ADS, können in allen Lebensbereichen mit Schwierigkeiten konfrontiert sein, von der Organisation zu Hause bis zur Entfaltung ihres vollen Potenzials bei der Arbeit. Es kann Ihre Gesundheit sowie Ihre Beziehungen am Arbeitsplatz und zu Hause beeinträchtigen. Extremes Aufschieben, Schwierigkeiten beim Einhalten von Fristen und impulsives Verhalten können die Folge Ihrer Symptome sein. Vielleicht denken Sie auch, dass Ihre Lieben nicht wissen, was Sie durchmachen.

Glücklicherweise können Sie Fähigkeiten erlernen, die Ihnen helfen können, Ihre ADHS-Symptome zu kontrollieren. Sie können Strategien entwickeln, die es Ihnen ermöglichen, effektiver zu arbeiten, organisierter zu werden und effektiver mit anderen zu interagieren. Sie können auch lernen, Ihre Stärken zu erkennen und zu nutzen. Der Wandel wird jedoch nicht über Nacht erfolgen. Für diese ADHS-Selbsthilfestrategien sind Übung, Geduld und, was vielleicht am wichtigsten ist, eine positive Einstellung erforderlich.

KAPITEL EINS

WAS IST ADHS?

ADHS, Aufmerksamkeitsdefizit-Hyperaktivitätsstörung, auch Aufmerksamkeitsdefizitstörung (ADS) genannt, ist eine schwere Erkrankung, die Impulsivität, Hyperaktivität und Aufmerksamkeitsschwierigkeiten umfasst. Menschen mit einer Aufmerksamkeitsdefizit-Hyperaktivitätsstörung (ADHS) verhalten sich anders. Menschen mit ADHS können Unruhe, Konzentrationsschwierigkeiten und impulsives Verhalten zeigen.

ADHS kann bereits im Kindesalter beginnen und bis ins Erwachsenenalter andauern. Dies könnte ein Faktor für ein geringes Selbstwertgefühl, schwierige Beziehungen und Schwierigkeiten bei der Arbeit oder in der Schule sein. Die meisten Fälle treten bei Kindern im Alter zwischen 3 und 7 Jahren auf, obwohl die Erkrankung auch später entdeckt werden kann.

Manchmal wissen Menschen mit ADHS nicht, dass sie es haben, wenn sie jung sind, und finden es erst heraus, wenn sie älter sind. Obwohl viele Erwachsene, bei denen ADHS in jungen Jahren diagnostiziert wurde, weiterhin unter Schwierigkeiten leiden, bessert sich der Zustand typischerweise mit zunehmendem Alter.

Bei Menschen mit ADHS können auch zusätzliche Probleme wie Schlaf- und Angststörungen auftreten.

Arten von ADHS

Die drei häufigsten Arten von ADHS sind:

1. Unaufmerksames und ablenkbares ADHS: Unaufmerksamkeit und Ablenkbarkeit sind die Hauptmerkmale dieser Art von ADHS. Personen, die häufig unaufmerksames Verhalten zeigen:

• Fehlende Details lassen sich häufig leicht ablenken,

• Langweilen Sie sich schnell,

• Schwierigkeiten haben, sich auf eine einzelne Aufgabe zu konzentrieren,

• Schwierigkeiten haben, ihre Gedanken zu ordnen und neue Informationen zu lernen,

• Bleistifte, Papiere oder andere Gegenstände verlieren, die zur Erledigung einer Aufgabe benötigt werden,

• Scheinen eher zu träumen als zuzuhören,

• Bewegen Sie sich langsam und verarbeiten Sie Informationen langsamer und weniger genau als andere.

• Schwierigkeiten haben, Anweisungen zu befolgen.

Vom unaufmerksamen ADHS-Typ sind mehr Mädchen als Jungen betroffen.

2. Hyperaktives/impulsives ADHS. Diese Art von ADHS, die am seltensten vorkommt, ist durch impulsives und hyperaktives Verhalten ohne Unaufmerksamkeit oder Ablenkungsfähigkeit gekennzeichnet. Häufig impulsive oder hyperaktive Personen:

• Sich winden, zappeln oder sich unruhig fühlen;

• Schwierigkeiten haben, still zu sitzen;

• Sprechen Sie ständig;

• Berühren und spielen Sie mit Gegenständen, auch wenn diese für die jeweilige Aufgabe ungeeignet sind;

• Schwierigkeiten haben, sich an ruhigen Aktivitäten zu beteiligen;

• Sind immer „unterwegs";

• Sind ungeduldig;

• Handeln Sie aus der Reihe und denken Sie nicht über die Konsequenzen Ihres Handelns nach.

• Unangemessene Antworten und Kommentare herausplatzen lassen.

3. ADHS, kombinierter Typ: Neben Unaufmerksamkeit und Ablenkbarkeit ist diese häufigste Form von ADHS durch impulsives und hyperaktives Verhalten gekennzeichnet. Wenn Sie Symptome haben, die nicht nur mit Unaufmerksamkeit oder Hyperaktivität-Impulsivität zusammenhängen, haben Sie den Kombinationstyp. Stattdessen werden Symptome beider Kategorien in Kombination angezeigt.

Die Mehrheit der Menschen, unabhängig davon, ob sie an ADHS leiden oder nicht, zeigt ein gewisses Maß an impulsivem oder absichtlichem Verhalten. Allerdings ist es bei ADHS-Betroffenen schwerwiegender. Das Verhalten kommt häufiger vor und beeinträchtigt Ihre Fähigkeit, zu Hause, am Arbeitsplatz und im sozialen Umfeld zu funktionieren.

Erwachsene mit ADHS

ADHS kann bis ins Erwachsenenalter andauern. Auch wenn bei ihnen keine Diagnose gestellt wurde, leiden manche Erwachsene an ADHS. Die Symptome können die Aufrechterhaltung von Beziehungen, der Arbeit oder beidem erschweren. Im höheren Alter können die Symptome anders aussehen, wie zum Beispiel extreme Unruhe oder Hyperaktivität. Wenn die Aufgaben eines Erwachsenen anspruchsvoller werden, können die Symptome schwerwiegender werden.

ADHS BEI FRAUEN

Bei Frauen, die an einer Aufmerksamkeitsdefizit-/Hyperaktivitätsstörung (ADHS) leiden, bleibt die Diagnose häufig unerkannt. Diese Lücke in der Diagnose lässt sich zum Teil darauf zurückführen, dass früher angenommen wurde, dass diese Erkrankung hauptsächlich Männer betrifft, aber auch darauf, dass Frauen typischerweise Symptome zeigen, die weniger offensichtlich sind oder die sozialen Interaktionen weniger stören als Männer.

Da Frauen und Mädchen typischerweise andere Symptome aufweisen als Männer und Jungen, wird ADHS häufig fehldiagnostiziert. Es gibt drei Arten von ADHS: entweder Unaufmerksamkeit, Impulsivität oder eine Kombination aus beiden.

Männer und Jungen leiden häufiger an hyperaktivem/impulsivem ADHS, was dazu führen kann, dass sie unruhig, ständig in Bewegung, unruhig, ruhelos, gesprächig, impulsiv, ungeduldig und launisch sind.

Frauen hingegen leiden typischerweise unter unaufmerksamem ADHS, was es schwierig macht, sich zu konzentrieren, auf Einzelheiten zu achten, die

Organisation aufrechtzuerhalten, zuzuhören und sich an Informationen zu erinnern.

Mädchen mit ADHS weisen häufig eher Persönlichkeitsmerkmale als Symptome der Erkrankung auf. Ein Mädchen könnte zum Beispiel als spacig, vergesslich oder gesprächig beschrieben werden. Eine Frau kann sich im späteren Leben wegen ihrer Symptome behandeln lassen, erhält aber stattdessen die Diagnose einer Depression oder Angststörung.

Lehrer und Eltern übersehen möglicherweise Mädchen mit ADHS, weil sie sich möglicherweise auch auf Dinge konzentrieren, die sie interessieren. Die meisten Frauen mit ADHS erhalten im Alter von 30 oder 40 Jahren eine genaue Diagnose.

Frauen mit ADHS leiden häufig gleichzeitig unter Problemen wie zwanghaftem Überessen, chronischem Schlafmangel oder übermäßigem Alkoholkonsum.

KAPITEL ZWEI

ADHS-SYMPTOME VON FRAUEN.

Obwohl bei Frauen die Diagnose ADHS tendenziell später gestellt wird als bei Männern, ist es allgemein anerkannt, dass ADHS häufiger bei Männern auftritt. Im Gegensatz zu Impulsivität und Hyperaktivität zeigen Frauen und Mädchen typischerweise mehr Symptome der Unaufmerksamkeit. Darüber hinaus ist die Wahrscheinlichkeit höher, dass sie Symptome zeigen, die innerlich statt äußerlich sind. Mädchen sind häufig in der Lage, Bewältigungsmechanismen zu entwickeln, die ihre ADHS-Symptome maskieren, insbesondere wenn sie jünger sind. Dies liegt daran, dass die Symptome bei Mädchen weniger störend sind und nicht dem ADHS-Stereotyp entsprechen. Anstatt ADHS genau zu diagnostizieren, werden bei ihnen häufig andere Erkrankungen wie Angstzustände oder Depressionen diagnostiziert (beides sind häufig gleichzeitig auftretende Erkrankungen bei Mädchen und Frauen mit ADHS).

In strukturierten Bildungsumgebungen wie der High School, dem College oder der Universität können Symptome der Unaufmerksamkeit bei Frauen mit ADHS, bei denen die Diagnose erst später in ihrem Leben gestellt wurde, deutlicher auftreten. In diesen Situationen kann es schwieriger sein, sich an die Bewältigungsmechanismen zu halten, die in jüngeren Klassen zur Bewältigung der Symptome eingesetzt werden.

Frauen mit ADHS zeigen typischerweise verinnerlichte und unaufmerksame Symptome. Zu den Symptomen zählen unter anderem:

• Schwierigkeiten, sich auf lange Aufgaben zu konzentrieren oder sich an Aktivitäten zu beteiligen, die anhaltende geistige Anstrengung erfordern (z. B. das Vorbereiten von Berichten, das Ausfüllen von

Formularen, das Durchsehen langer Papiere usw.) und das Begehen von „Flüchtigkeitsfehlern".

• Häufiges Verlegen alltäglicher Gegenstände wie Schlüssel, Geldbörsen, Telefone usw

• Probleme bei der Erstellung realistischer und umsetzbarer Pläne

• Schwierigkeiten, Entscheidungen zu treffen

• Dinge aufschieben oder in letzter Minute erledigen

• Schwierigkeiten, Emotionen zu regulieren, insbesondere wenn man gestresst ist

Hyperaktive/impulsive Symptome sind seltener als unaufmerksame. Vergesslichkeit bei alltäglichen Aktivitäten wie dem Bezahlen von Rechnungen, dem Einhalten von Fristen, dem Einhalten vereinbarter Termine oder dem Erwidern von Anrufen. Wenn diese Symptome anhalten, werden sie häufig eher „innerlich". Erwachsene Frauen können die folgenden hyperaktiven/impulsiven Symptome aufweisen:

• Schwierigkeiten haben, still zu bleiben oder unruhig zu bleiben (zappeln, mit den Händen oder Füßen wippen, sich auf dem Sitz winden, aufstehen usw.)

• Übermäßiges Reden oder Schwierigkeiten, bei Freizeitaktivitäten zu schweigen;

• Fragen beantworten, bevor sie fertig sind; andere stören oder stören;

• Unter anderem Schwierigkeiten beim Warten auf Abbiegungen oder in der Warteschlange.

Bei Frauen mit ADHS besteht möglicherweise ein höheres Risiko als bei Frauen ohne ADHS:

• Das Gefühl haben, dass sie keine Kontrolle über die Dinge haben;

• Schwierigkeiten haben, Arbeit und Privatleben unter einen Hut zu bringen;

• Erleben Sie körperliche Symptome wie Kopfschmerzen, Bauchschmerzen und/oder Schlafstörungen;

• Schwierigkeiten haben, mit anderen zu kommunizieren; Und

- Unter gleichzeitig auftretenden Erkrankungen wie Depressionen und Angstzuständen leiden.

WAS SIND DIE URSACHEN VON ADHS?

Obwohl die genaue Ursache von ADHS unbekannt ist, wurde nachgewiesen, dass es in der Familie auftritt. Es gibt Hinweise darauf, dass ADHS vererbt wird. Es handelt sich um eine biologische Erkrankung, die das Gehirn betrifft.

Darüber hinaus hat die Studie viele mögliche Unterschiede zwischen Menschen mit ADHS und Menschen ohne diese Erkrankung identifiziert. Kinder mit ADHS haben niedrige Konzentrationen einer Gehirnchemikalie namens Dopamin, die auch eine Art Gehirnchemikalie ist, die als Neurotransmitter bezeichnet wird. Verwendung von PET-Scannern für bildgebende Untersuchungen des Gehirns (Positronenemissionstomographie); Kinder mit ADHS haben einen geringeren Hirnstoffwechsel in den

Bereichen des Gehirns, die Aufmerksamkeit, soziales Urteilsvermögen und Bewegung steuern (eine Form der Bildgebung des Gehirns, mit der Sie das menschliche Gehirn bei der Arbeit sehen können).

Weitere Faktoren, von denen angenommen wird, dass sie bei ADHS eine Rolle spielen, sind:

• Frühgeburt (vor der 37. Schwangerschaftswoche),

• ein niedriges Geburtsgewicht haben,

• Alkohol- oder Drogenmissbrauch während der Schwangerschaft oder

Eine Hirnverletzung haben.

• Während der Schwangerschaft oder in jungen Jahren Umweltrisiken (wie Blei) ausgesetzt sein.

Obwohl ADHS häufiger bei Menschen mit Lernschwierigkeiten auftritt, kann es Menschen mit allen intellektuellen Fähigkeiten betreffen.

KAPITEL DREI

Andere Erkrankungen, die ADHS ähneln

Einige Behandlungen oder Erkrankungen können die gleichen Anzeichen und Symptome wie ADHS hervorrufen. Einige Beispiele sind:

• Störungen der psychischen Gesundheit, wie Depressionen, Angstzustände, Verhaltensprobleme, Lern- und Sprachprobleme und andere psychiatrische Störungen

• Entwicklungsstörungen, Anfallsleiden, Schilddrüsenprobleme, Schlafstörungen, Hirnverletzungen und niedriger Blutzucker (Hypoglykämie) sind Beispiele für Erkrankungen, die das Denken oder Verhalten beeinträchtigen können.

• Abhängigkeit von Alkohol oder anderen Substanzen sowie bestimmten Medikamenten und Drogen.

ADHS und bipolare Störung

Die für Spezialisten anspruchsvollste Differenzialdiagnose ist die bipolare Störung und ADHS. Da sie verschiedene Symptome aufweisen, kann es durchaus schwierig sein, diese beiden Erkrankungen zu unterscheiden, darunter:

Stimmungsschwankungen, Irritationen und Ausbrüche, Nervosität, Geschwätzigkeit und Eifer. ADHS wird im Wesentlichen durch körperliche Unruhe, Nachlässigkeit und Ablenkung beschrieben, die ebenfalls Symptome einer bipolaren Störung sind und zu extremeren Veränderungen der Stimmung, Energie, Denkweise und des Verhaltens führen.

Während ADHS die Aufmerksamkeit bzw. das Bewusstsein und das Verhalten beeinflusst, handelt es sich bei der bipolaren Störung grundsätzlich um eine Temperamentsstörung.

Kontraste zwischen ADHS und bipolarer Störung: Es gibt verschiedene unaufdringliche Kontraste, die jedem auffallen könnten. Bipolare Störungen treten regelmäßig in der späten Pubertät oder im frühen Erwachsenenalter auf, obwohl einige Fälle vorher untersucht werden können. ADHS tritt häufig zuerst bei Jugendlichen auf.

Während die Symptome einer bipolaren Störung normalerweise prägnant sind, sind die Symptome einer ADHS konsistent. Zwischen Manie- oder Depressionsepisoden treten möglicherweise keine Symptome einer bipolaren Störung auf.

Der Übergang von einer Handlung zur nächsten kann beispielsweise für Jugendliche mit ADHS schwierig sein. Disziplin und der Kampf mit Autoritätspersonen beeinflussen normalerweise Kinder mit bipolarer Störung.

Nach einer suggestiven Phase sind Depressionen, Missmut und Gedächtnisverlust oder -verlust bei Personen mit bipolarer Störung und überraschenderweise auch bei Personen mit ADHS normal. Wie dem auch sei, die Symptome der

Aufmerksamkeit, des Bewusstseins und der Konzentration überschatten diese Nebenwirkungen.

Stimmung

Eine Person mit ADHS kann unerwartete emotionale Episoden erleben, die schnell vergehen können – häufig innerhalb von 20 bis 30 Minuten. Eine bipolare Störung führt zu länger anhaltenden Temperamentsschwankungen.

Eine schwere Depressionsepisode sollte vierzehn Tage andauern, um auf eine bipolare Störung schließen zu lassen, während eine manische Episode mindestens eine Woche andauern sollte und im Wesentlichen durchgängige Symptome auftreten sollte. Unter der Annahme, dass die Symptome so extrem werden, dass ein Krankenhausaufenthalt erforderlich ist, könnte die Zeitspanne begrenzter sein.

Weniger schwerwiegende Hyper-Episoden oder hypomanische Episoden dauern normalerweise ein paar Tage.

Während Hyperepisoden scheinen Personen mit bipolarer Störung ADHS-Anzeichen wie Angstzustände, Schlafstörungen und Hyperaktivität zu zeigen.

Während depressiver Episoden können sich auch Symptome wie die Aufmerksamkeitsdefizit-Hyperaktivitätsstörung (ADHS) zeigen. Wie dem auch sei, Menschen mit einer bipolaren Störung können unter Schlafstörungen leiden oder unangemessen schlafen. Hyperaktivität und Unruhe können bei Personen mit ADHS vergleichbare Schlafprobleme verursachen, treten jedoch häufiger bei Personen mit bipolarer Störung auf.

Kinder mit ADHS wachen normalerweise schnell auf und werden sofort aktiv. Auch wenn sie möglicherweise Probleme mit dem Ausschlafen haben, schlafen sie regelmäßig den ganzen Abend durch, ohne Angst zu haben.

Verhalten und Verhalten

Fehlverhalten bei Kindern mit ADHS und bipolarer Störung ist häufig unfreiwillig. Nachlässigkeit, aber auch ein manischer Anfall, kann dazu führen, dass man Autoritätspersonen missachtet, in Dinge stößt und Schäden anrichtet.

Es ist möglich, dass Kinder mit einer bipolaren Störung vorschnell handeln. Sie könnten sich an Projekten beteiligen, zu deren Abschluss sie in ihrem Alter und Bildungsniveau nicht in der Lage sind, und dabei pompöse Argumentation an den Tag legen. Die Unterscheidung zwischen ADHS und bipolarer Störung muss von einem Spezialisten für psychische Gesundheit genau getroffen werden.

Wenn bei Ihnen oder Ihrem Kind eine bipolare Störung festgestellt wird, umfasst die notwendige Behandlung im Allgemeinen Folgendes:

- Verschreibung von Psychostimulanzien und Antidepressiva

- Einzel-, Vereins- oder Gruppentherapie

- Maßgeschneiderte Schulung und Hilfe bzw. Unterstützung

Es ist normal, dass Verschreibungen übernommen oder häufig geändert werden, sodass sie weiterhin einen positiven Unterschied machen.

AUTISMUS

Kinder mit einer Autismus-Range-Störung haben möglicherweise Probleme mit sozialen Kooperationen oder Interaktionen und wirken oft getrennt von ihren Umweltelementen. Autistische Kinder können hin und wieder auf eine Weise aktiv sein, die der Hyperaktivität und sozialen Entwicklungsstörungen von ADHS-Kindern ähnelt.

Emotionale und subjektive Unreife ist ein weiteres Verhalten, das mit ADHS in Zusammenhang gebracht werden kann.

Bei Kindern mit diesen beiden Erkrankungen (Autismus und ADHS) können die interaktiven Fähigkeiten und die Lernfähigkeit eingeschränkt sein, was zu Problemen in der Schule und zu Hause führen kann.

Niedriger Glukosespiegel/niedriger Blutzuckerspiegel

Ein niedriger Blutzuckerspiegel, auch Hypoglykämie genannt, kann ebenfalls ein Anzeichen für ADHS sein.

Bei Menschen mit Hypoglykämie kann es zu Folgendem kommen: Typische Aggression oder Invasion, Hyperaktivität, Unfähigkeit, still zu bleiben, und Unaufmerksamkeit

Rezeptionsverarbeitungsstörung

Sie wird auch als sensorische Verarbeitungsstörung (SPD) bezeichnet und kann Nebenwirkungen verursachen, die denen einer Aufmerksamkeitsdefizit-Hyperaktivitätsstörung (ADHS) ähneln. SPD zeichnet sich durch Sensibilität aus. Menschen mit SPD können beispielsweise empfindlich auf ein bestimmtes Gewebe reagieren. Dies könnte auf die Wirkung von SPD auf Berührung, Bewegung, Körperhaltung, Geschmack und Geruch zurückzuführen sein. Sie bewegen sich möglicherweise viel, sind anfällig für Unfälle oder haben Schwierigkeiten, aufmerksam zu sein, insbesondere wenn sie sich überfordert fühlen.

Schlafschwierigkeiten

Menschen mit ADHS können Schwierigkeiten beim Entspannen und Einschlafen haben. Dennoch leiden Menschen mit Schlafstörungen möglicherweise nicht an ADHS, geben aber tagsüber Hinweise darauf.

Der Mangel an Schlaf führt zu Konzentrationsproblemen, Problemen beim Beziehen, Verbreiten und Befolgen von Empfehlungen. Darüber hinaus verringert es das vorübergehende Gedächtnis.

Hörkomplikation

Bei kleinen Kindern, die ihre Gedanken nicht vollständig artikulieren können, kann es schwierig sein, Hörprobleme zu diagnostizieren. Da sie nicht wie erwartet hören können, haben Kinder mit Hörproblemen Schwierigkeiten, sich zu konzentrieren.

Die Unfähigkeit des Kindes, Gesprächen zu folgen, scheint auf mangelnde Konzentration zurückzuführen zu sein.

Kinder, die fast taub sind, können ebenfalls Schwierigkeiten haben, mit anderen in Kontakt zu treten und sich nur unzureichend auszudrücken.

KAPITEL VIER

Dreizehn Mythen über ADHS

Eine der am weitesten verbreiteten Fehlinterpretationen über ADHS ist, dass es sich dabei um eine mentale Bezeichnung für eine charakteristische Reihe von Verhaltensweisen handelt. Dies ist vielleicht die schädlichste Vorstellung über ADHS. ADHS wird möglichst oft falsch eingeschätzt. Unabhängig davon, was in den mentalen Aufzeichnungen steht, akzeptieren bestimmte Menschen, dass ADHS keineswegs ein echtes Problem ist. Andere akzeptieren, dass ADHS nur junge Männer betrifft oder erst in der Jugend auftritt. Diese Fantasien können eine verletzende Wirkung haben, da sie Erwachsene mit ADHS davon abhalten können, analysiert und behandelt zu werden.

Zu den weit verbreiteten Missverständnissen über ADHS gehören:

Mythos 1: Mein ADHS kann nur durch Medikamente gelöst werden.

Wirklichkeit: Obwohl Medikamente einigen Menschen bei der Bewältigung ihrer ADHS-Symptome helfen können, sind sie weder ein Heilmittel noch die einzige Option. Wenn es jemals zum Einsatz kommt, sollte es in Verbindung mit anderen Behandlungen oder Selbsthilfemethoden angewendet werden.

Mythos 2: Ich bin faul oder gedankenlos, weil ich ADHS habe und daher nicht anders kann.

Wirklichkeit: Sie und andere mögen wegen der Auswirkungen von ADHS so abgestempelt worden sein, aber die Wahrheit ist, dass es Ihnen weder an Motivation noch an Intelligenz mangelt; Sie haben vielmehr eine Störung, die Sie daran hindert, bestimmte normale Aktivitäten auszuführen. Erwachsene mit ADHS müssen ihre Erkrankung häufig auf raffinierte Weise kompensieren. Sie finden einen intelligenten Weg, ihren Zustand zu kompensieren. Jemandem mit ADHS Faulheit vorzuwerfen, ist schädlich und kann zu Schamgefühlen und einer Zurückhaltung bei der Suche nach einer Behandlung führen.

Mythos 3: Alle meine ADHS-Probleme können von einem Arzt gelöst werden.

Wirklichkeit: Obwohl medizinische Fachkräfte Sie bei der Behandlung der ADHS-Symptome unterstützen können, sind ihre Bemühungen begrenzt. Da Sie derjenige sind, der die Probleme bewältigt, haben Sie den größten Einfluss auf deren Lösung.

Mythos 4: Ich werde immer unter den Symptomen von ADHS leiden, weil es sich um eine lebenslange Haftstrafe handelt.

Wirklichkeit: Obwohl es keine Behandlung für ADHS gibt, gibt es viele Dinge, die Sie tun können, um die Anzahl der dadurch verursachten Probleme zu verringern. Es ist möglich, dass Ihnen die Bewältigung Ihrer Symptome zur zweiten Natur wird, sobald Sie sich an die Anwendung von Selbsthilfemethoden gewöhnt haben.

Manche Menschen glauben auch, dass es im Kindesalter ein Zeitfenster für die Behandlung von ADHS gibt, und wenn dieses Fenster verpasst wird, wird die Person mit ADHS bis ins Erwachsenenalter weiter leiden. Dieser Glaube geht davon aus, dass ADHS bei Erwachsenen nicht behandelt werden kann. Obwohl ADHS frühzeitig diagnostiziert werden sollte, kann es bei Erwachsenen behandelt werden.

Mythos 5: ADHS ist lediglich eine Erkrankung, die Kinder betrifft

Wirklichkeit: Manche Menschen glauben, dass ADHS außerhalb der Kindheit nicht existiert, da es häufig bereits im Kindesalter diagnostiziert und behandelt wird. Die Vorstellung, dass Menschen aus ADHS herauswachsen, ist ein weiterer Aspekt dieses Missverständnisses; dass Erwachsene nicht darunter leiden.

Erwachsene mit ADHS werden zu Unrecht durch die falsche Vorstellung benachteiligt, dass ADHS nur Kinder betrifft. ADHS ist eine von Fachleuten anerkannte psychiatrische Störung, die sowohl Kinder als auch Erwachsene betreffen kann.

Mythos 6: ADHS betrifft nur Jungen.

Wirklichkeit: Obwohl Männer und Frauen unterschiedliche Manifestationen von ADHS aufweisen, wird bei Mädchen und Frauen häufiger unaufmerksames ADHS diagnostiziert, die Erkrankung tritt jedoch bei beiden Geschlechtern auf. Bei Jungen ist es wahrscheinlicher, dass sie die weniger offensichtlichen Symptome einer hyperaktiven ADHS zeigen, woher dieser Mythos wahrscheinlich stammt.

ADHS bei Mädchen bleibt häufig bestehen und entwickelt sich bei Frauen aufgrund der Unterdiagnose zu ADHS im Erwachsenenalter.

Mythos 7: ADHS wird durch schlechte Eltern verursacht

Wirklichkeit: Der unbegründete Glaube, dass Kinder mit ADHS wie jedes andere Kind von mehr Aufmerksamkeit profitieren würden, ist die Grundlage des Mythos, dass schlechte Elternschaft für ADHS verantwortlich ist. Darüber hinaus wird in diesem Missverständnis behauptet, dass ADHS bei Kindern durch mangelnde Disziplin hervorgerufen wird.

ADHS ist als diagnostizierbare psychische Störung bekannt und beeinträchtigt das Gehirn. Schlechte Erziehung trägt nicht zur Entstehung von ADHS bei, beeinflusst jedoch die Entwicklung jedes Kindes.

Mythos 8: Jeder mit ADHS ist hyperaktiv.

Wirklichkeit: Obwohl die Behauptung, dass alle Erwachsenen mit ADHS hyperaktiv sind, einen erheblichen Teil der ADHS-Bevölkerung außer Acht lässt, ist Hyperaktivität ein eindeutiges Symptom sowohl für hyperaktives als auch für kombiniertes ADHS. Die Mehrheit der Erwachsenen mit ADHS im Erwachsenenalter weist ein breites Spektrum an Symptomen auf, einschließlich Hyperaktivität. Darüber hinaus kommt Hyperaktivität häufiger bei Kindern und bei Männern häufiger vor als bei Frauen.

Menschen, bei denen Hyperaktivität nicht Teil ihrer ADHS im Erwachsenenalter ist, sind seltener betroffen.

Mythos 9: Jeder hat ADHS

Wirklichkeit: Obwohl viele Menschen von Zeit zu Zeit einige der Symptome von ADHS zeigen, leiden nur wenige an dieser Krankheit. Obwohl jeder gelegentlich unter Vergesslichkeit leidet, unterscheidet sich ADHS bei Erwachsenen stark davon.

Mythos 10: ADHS bei Erwachsenen ist kein ernstes Problem.

Wirklichkeit: Mit diesem Mythos geht das Missverständnis einher, dass alle Menschen irgendeine Form von ADHS haben. ADHS im Erwachsenenalter kann erhebliche Auswirkungen auf das Leben eines Menschen haben. Probleme in Beziehungen, schlechte Leistungen am Arbeitsplatz und rücksichtsloses oder sogar gefährliches Verhalten sind mögliche Folgen.

In einigen Studien wurde gezeigt, dass unbehandeltes ADHS die Lebenserwartung um bis zu 13 Jahre verkürzt. Wenn Sie oder ein Angehöriger den Verdacht haben, an ADHS zu leiden, ist es vorzuziehen, so schnell wie möglich eine medizinische Diagnose und Behandlung zu erhalten.

Mythos 11: Es ist in Ordnung, Ihre ADHS-Medikamente abzugeben

Wirklichkeit: Selbst wenn die gleichen ADHS-Medikamente mehreren Personen verschrieben werden, bedeutet dies nicht, dass es akzeptabel ist, sie zu teilen. Es gibt zahlreiche Argumente gegen das Teilen von Medikamenten. Von der Diagnose bis zur Behandlung untersuchen Ärzte jeden Patienten individuell. Der Mensch und seine erwachsene ADHS stehen im Mittelpunkt jedes Medikamentenplans.

Es ist gefährlich, Medikamente und Diagnosen mit Menschen zu teilen. Darüber hinaus kann die Einnahme fremder Medikamente riskant sein. Aus

Sicherheitsgründen sollten ADHS-Medikamente niemals geteilt werden.

Mythos 12: ADHS ist eine Lernbehinderung

Wirklichkeit: ADHS ist keine Lernbehinderung, sondern eine neurologische Entwicklungsstörung. Da ADHS das Lernen im typischen Schul- oder Hochschulumfeld erschweren kann, ist dies ein weit verbreitetes Missverständnis. Schüler mit ADHS, die in der Grundschule sind, werden möglicherweise wegen Zappelns, Tagträumens oder unpassenden Redens beschimpft. Studenten mit ADHS, die studieren, haben möglicherweise Schwierigkeiten, Aufgaben zu erledigen, die sie als mühsam empfinden, oder organisiert genug zu bleiben, um mit ihren Kursarbeiten Schritt zu halten.

Mythos 13: Zucker ist die wahre Ursache von ADHS

Wirklichkeit: ADHS wird nicht durch stark verarbeitete Lebensmittel oder Zucker verursacht. Allerdings sind ADHS-Symptome betroffen. Einer Studie zufolge konsumierten Kinder mit ADHS mehr Zucker als Kinder ohne ADHS.

Auch wenn unklar ist, wie sich Zucker auf ADHS auswirkt, deuten mehrere Faktoren darauf hin, den Zuckerkonsum generell einzuschränken.

Selbst wenn wir nicht an ADHS leiden, führt der Verzehr von zu viel Zucker zu einem Gehirnabsturz. Hohe Zuckerwerte und Crash-Zyklen wirken sich negativ auf die Symptombewältigung aus, insbesondere bei Menschen mit ADHS.

KAPITEL FÜNF

ADHS-DIAGNOSE BEI FRAUEN

Der Prozess zur Feststellung, ob ein Kind an ADHS leidet, besteht aus mehreren Schritten. Ein einzelner Test kann nicht zur Diagnose von ADHS verwendet werden, da mehrere andere Erkrankungen, darunter Angstzustände, Depressionen, Schlafstörungen und einige Lernschwierigkeiten, ähnliche Symptome wie ADHS aufweisen können. Eine ärztliche Untersuchung, einschließlich Hör- und Sehtests, ist ein Schritt im Prozess, um andere Erkrankungen auszuschließen, die Symptome wie ADHS verursachen. Eine Checkliste zur Bewertung der ADHS-Symptome und Gespräche mit den Eltern des Kindes, den Lehrern und manchmal auch mit dem Kind selbst sind typischerweise Teil des Prozesses der ADHS-Diagnose.

Die meisten Frauen mit ADHS erhalten im Alter von 30 oder 40 Jahren eine genaue Diagnose. Laut Experten könnte die späte Diagnose auf mehrere Faktoren zurückzuführen sein.

Da sie nicht offensichtlich sind, übersehen Eltern, Lehrer oder Kinderärzte möglicherweise ADHS-Symptome und Verhaltensweisen bei jungen Mädchen. Es ist auch möglich, dass Ärzte ADHS bei Mädchen und jungen Frauen mit anderen Stimmungsstörungen wie Angstzuständen oder Depressionen verwechseln. Einer neueren Studie zufolge können Frauen auch später im Leben ADHS-Symptome verspüren.

Für eine bestimmte Art von ADHS muss eine Person mindestens sechs der neun Hauptsymptome aufweisen. Um eine ADHS-Kombination zu diagnostizieren, müssen Sie mindestens sechs Anzeichen von Unaufmerksamkeit und Hyperaktivität/Impulsivität aufweisen. Die Verhaltensweisen müssen mindestens sechs Monate lang vorhanden sein und das tägliche Leben stören.

Eine Person muss nicht nur das Muster der Unaufmerksamkeit, Hyperaktivität oder beides aufweisen, sondern auch die Symptome vor dem 12. Lebensjahr. Darüber hinaus müssen sie in mehreren Umgebungen präsent sein, beispielsweise zu Hause und in der Schule.

Die Symptome müssen auch die täglichen Aktivitäten behindern. Darüber hinaus kann keine andere psychische Erkrankung für diese Symptome verantwortlich sein.

Bei der Erstdiagnose kann eine Art von ADHS identifiziert werden. Allerdings können sich im Laufe der Zeit Symptome entwickeln. Erwachsene müssen dies wissen, da sie möglicherweise neu bewertet werden müssen.

Die Diagnose besteht aus:

• Informationssammlungen, z. B. Fragen zu aktuellen medizinischen Problemen, zur persönlichen und familiären Krankengeschichte sowie zur Vorgeschichte Ihrer Symptome.

• ADHS-Bewertungsskalen oder psychologische Tests, um Informationen über Ihre Symptome zu sammeln und auszuwerten.

• Körperliche Untersuchung, um andere mögliche Ursachen Ihrer Symptome auszuschließen.

KAPITEL SECHS

MANAGEMENT VON ERWACHSENEN MIT ADHS

Die Aufmerksamkeitsdefizit-Hyperaktivitätsstörung (ADHS) betrifft sowohl Erwachsene als auch Kinder; ADHS betrifft etwa 4 % der Erwachsenen in den USA. Bei Erwachsenen mit ADHS kann es sein, dass sie bereits als Kind unter dieser Erkrankung gelitten hat und nicht diagnostiziert wurde, oder dass sich ihre Symptome mit der Zeit verschlimmert haben.

Bei Erwachsenen mit ADHS können Symptome auftreten, die weniger offensichtlich sind als bei Kindern. Erwachsene mit ADHS können als Hauptsymptome Unruhe, Impulsivität und Aufmerksamkeitsschwierigkeiten aufweisen. Erwachsene mit ADHS haben möglicherweise Schwierigkeiten, sich zu konzentrieren, sich Anweisungen und Informationen zu merken, Aufgaben nach Wichtigkeit zu ordnen und die Arbeit pünktlich zu beenden.

Diese Symptome können sich auf unterschiedliche Weise äußern, beispielsweise durch anhaltendes Aufschieben, schlechtes Zeitmanagement, Stimmungsschwankungen und geringes Selbstwertgefühl. Sie können auch Probleme am Arbeitsplatz, in der Schule und in Beziehungen verursachen.

ADHS verwalten

Glücklicherweise gibt es viele Möglichkeiten zur Behandlung von ADHS, wie Medikamente, Therapie und Verhaltensansätze.

Medikamente

ADHS kann durch den Einsatz von Medikamenten gut behandelt werden. Während seiner aktiven Phase bekämpft das Medikament die grundlegenden ADHS-Symptome bei Erwachsenen. Es gibt viele verschiedene ADHS-Medikamente, daher kann es einige Versuche erfordern, das für Sie am besten geeignete Medikament zu finden.

ADHS-Medikamente können recht teuer sein. Glücklicherweise bieten zahlreiche Unternehmen Patientensparprogramme für Markenmedikamente an. Dank dieser Programme können Patienten Geld für Rezepte sparen. Sie erhalten einen Code, den Sie Ihrem Apotheker mitteilen können, wenn Sie sich für diese Programme anmelden.

Um mehr zu erfahren, finden Sie im Internet patientenschonende Programme für Ihre Medikamente. Sie können sich auch nach Generika-Medikamenten erkundigen, die deutlich günstiger sind, oder Ihren Arzt fragen, ob er über Patientensparkarten verfügt.

Beratung und Psychotherapie

Wenn Medikamente bei der Bewältigung der primären Symptome von ADHS helfen, können Beratung und Psychotherapie, wie z. B. kognitive Verhaltenstherapie

(CBT), dabei helfen, Schwierigkeiten im Alltag zu bewältigen.

In der Beratung werden häufig Strategien und Fähigkeiten zum Zeitmanagement, zur Organisation und zur Planung vermittelt. Wenn Sie ein Erwachsener mit ADHS sind, kann Ihnen die Zusammenarbeit mit einem Psychologen dabei helfen, individuelle Strategien zur Bewältigung der Symptome zu entwickeln.

ADHS-Therapien behandeln ein breites Spektrum an Problemen. Einige Vorteile der Psychotherapie für Erwachsene mit ADHS:

• Entwickeln Sie Ihre Zeit und Ihre hierarchischen Fähigkeiten produktiv

• Finden Sie heraus, wie Sie Ihre Impulsivität zügeln können.

• Fördern Sie bessere Fähigkeiten zum kritischen Denken

• Sich an vergangene intellektuelle, berufliche oder soziale Enttäuschungen anpassen

• Arbeiten Sie an Ihrem Selbstvertrauen

• Erfahren Sie, wie Sie die Beziehungen zu Ihrer Familie, Ihren Kollegen und Weggefährten weiter ausbauen können

• Fördern Sie Methoden, um ruhig zu bleiben

ADHS-Behandlungen befassen sich mit einem breiten Spektrum an Themen wie Selbstvertrauen, Beziehungs- und Familienbeziehungen, Wohlbefinden, Neigung, Angstgefühlen und Management. Einige Behandlungen, die hilfreich sein könnten, sind:

A. KOGNITIVE VERHALTENSTHERAPIE (CBT): Im Mittelpunkt steht die Unterscheidung und Änderung gefährlicher oder schlecht angepasster (negativer) Überlegungen und Verhaltensweisen. Kann die tiefgreifende Selbstregulierung von Emotionen, Antriebskontrolle und Stressbewältigung ansprechen. Kann häufig angepasst werden, um neben ADHS auch gleichzeitig auftretende Umstände zu behandeln. CBT-Programme, die speziell für Erwachsene mit ADHS entwickelt wurden, sind zugänglich.

B. Neurokognitive Psychotherapie: Auf Neurokognition basierende Psychotherapie kombiniert Teile der kognitiven Verhaltenstherapie und der geistigen Wiederherstellung, um bei der Entwicklung von Fähigkeiten zur Lebensbewältigung zu helfen, um an den geistigen Fähigkeiten zu arbeiten, kompensatorische Verfahren zu erlernen und das Klima wiederherzustellen.

C. Dialektische Verhaltenstherapie (DBT): Die dialektische Verhaltenstherapie nutzt Techniken wie revolutionäre Anerkennung, Fürsorge und emotionale Führung, um Menschen beim Verständnis zu helfen und sich von ADHS-Denkprozessen und -Reaktionen zu lösen.

Verhaltensmethoden zur Behandlung von ADHS bei Erwachsenen

ADHS kann es schwierig machen, mit der Arbeit und Beziehungen Schritt zu halten, Unordnung zu kontrollieren und sogar Rechnungen zu bezahlen. Es gibt zahlreiche Strategien, die Sie anwenden können, um die Kontrolle über Ihr Leben zu haben. Darüber hinaus können Sie die ADHS-Behandlung mit Ihrem Arzt besprechen.

Sie müssen einige Anstrengungen in diese Strategien investieren und es wird für Sie von entscheidender Bedeutung sein, diejenigen auszuwählen, die für Ihr Leben am besten funktionieren. Damit diese Strategien am effektivsten sind, müssen Sie sich dazu verpflichten, sie zur Gewohnheit zu machen, aber es wird sich lohnen, Ihre Lebensqualität zu verbessern.

A. Sich organisieren

Für Menschen mit ADHS kann die Aufrechterhaltung der Ordnung zu Hause und am Arbeitsplatz eine große Herausforderung sein. Bei der Behandlung von ADHS kann es äußerst hilfreich sein, eine langfristige Organisationsstrategie zu entwickeln, die sowohl realistisch in der Umsetzung als auch einzuhalten ist.

Dinge sind leichter zu finden, Beziehungen sind weniger angespannt und die Produktivität wird in organisierten Räumen gesteigert. Zur besseren Organisation hier einige Vorschläge:

• **Aufräumen:** Dies ist der erste Schritt. Da Sie eine klarere Vorstellung davon haben, was weggeworfen werden kann und was organisiert werden muss, wird die Organisation durch weniger Unordnung einfacher.

• **Arbeiten Sie zuerst am einfachsten Bereich:** Teilen Sie die enorme Organisationsaufgabe in überschaubare Abschnitte auf, indem Sie mit dem einfachsten Raum beginnen.

Bevor Sie beginnen, sammeln Sie Vorräte. Stellen Sie sicher, dass Sie alles haben, was Sie für nötig halten, bevor Sie mit der Organisation beginnen.

• **Zonen zuweisen:** Das Finden und Einräumen von Dingen wird durch das Gruppieren von Gegenständen, die einander ähneln oder mit der Aktivität in Zusammenhang stehen, erheblich vereinfacht.

Halten Sie einen „Landeplatz" bereit. Es hilft, den Zeitaufwand für die Suche nach Dingen wie Schlüsseln, Rucksäcken und Geldbörsen zu reduzieren, indem man einen Platz zum Aufbewahren von Dingen des täglichen Bedarfs neben der Tür wählt.

B. Zeitmanagement

Der Umgang mit ADHS erfordert die Beherrschung der Kunst des Zeitmanagements. Es gibt verschiedene Methoden, um zu lernen, wie man seine Zeit einteilt, und Sie sollten prüfen, welche für Sie am effektivsten ist.

• **Nutzen Sie einen Planer:** Dies kann ein Planer sein, der Bleistift und Papier verwendet, eine App oder ein Notizbuch. Es sollte für Sie möglich sein, es überallhin mitzunehmen. Tragen Sie alle Ihre Verpflichtungen, wie Besprechungen und Termine, in Ihren Planer ein und schauen Sie sich diese jeden Tag an.

Überschätzen Sie, wie viel Zeit Sie für die Erledigung einer Aufgabe benötigen. Wenn Sie abschätzen, wie lange Sie für die Erledigung einer Aufgabe benötigen, rechnen Sie mindestens 10 Minuten ein.

• **Eine Uhr kaufen:**Besorgen Sie sich eine Armbanduhr und überprüfen Sie es! Sie können den Lauf der Zeit besser verfolgen, indem Sie eine Uhr tragen und auf die Uhr achten. Ablenkungen können reduziert werden, indem Sie auf die Uhr statt auf Ihr Telefon schauen.

• **Richten Sie eine Routine ein:** Wenn Sie eine Routine etablieren, können Sie Ihre Aufgaben pünktlich erledigen und organisiert bleiben. Bei der Erstellung von Routinen kann auch der Einsatz von Checklisten hilfreich sein.

C. Verantwortungsmanagement

Die Organisation für das Aufgabenmanagement umfasst mehr als nur Ihren physischen Raum. Menschen mit ADHS haben möglicherweise Schwierigkeiten, ihre Arbeits- und Schulpläne zu organisieren. Mit diesen Methoden können Sie Ihre Arbeit organisieren, Prioritäten setzen und den Überblick behalten.

- **Führen Sie eine Liste:** Erstellen Sie eine Liste aller Dinge, die Sie jeden Tag erledigen müssen, nachdem Sie Ihren Planer überprüft haben. Nachdem Sie die gesamte Liste durchgegangen sind, ordnen Sie die Aufgaben in der Reihenfolge ihrer Wichtigkeit. Berücksichtigen Sie bei der Erstellung einer Prioritätenliste, welche Aufgaben später erledigt werden können, welche zeitkritisch sind und welche am wichtigsten sind. Wenn Sie alle diese Listen in einem einzigen Notizbuch oder einer einzigen App aufbewahren, können Sie frühere Listen noch einmal durchsehen, um sicherzustellen, dass Sie nichts vergessen.

- **Große Projekte aufschlüsseln:** Durch die Umwandlung großer Projekte in kleinere lassen sich diese einfacher verwalten und leichter starten.

- **Arbeiten Sie in kleinen Schritten nacheinander:** Der Beginn ist nur die halbe Miete. Um die Hürde des Anfangens zu überwinden, verpflichten Sie sich, 15 Minuten lang an etwas zu arbeiten, wenn Sie es vermeiden möchten. Wenn Sie nach 15 Minuten glauben, dass Sie eine Pause brauchen, stellen Sie einen Timer auf 5 Minuten und sagen Sie, dass Sie sofort von vorne beginnen werden.

• **Vermeiden Sie Multitasking:** Ihre Gesamtproduktivität steigt, wenn Sie sich jeweils nur auf eine Sache konzentrieren. Sie werden eine Aufgabe zu 100 % erledigen, wenn Sie sich jeweils auf sie konzentrieren, anstatt 50 % der Zeit auf acht Aufgaben.

D. Finanzmanagement

Erwachsene mit ADHS können aufgrund von Aufschub, mangelnder Organisation und Impulsivität Probleme mit der Verwaltung ihres Geldes haben. Es ist wichtig, den Fokus aufrechtzuerhalten, indem man eine aktive Rolle übernimmt.

• **Erinnerungen erstellen:** Legen Sie Erinnerungen in Ihrem Kalender fest, um Sie daran zu erinnern, wann Zahlungen und Rechnungen fällig sind.

- **Nutzen Sie Electronic Banking:** Sie können 24 Stunden am Tag, sieben Tage die Woche sofort auf Ihre Konten zugreifen, Papierkram beseitigen und Ihre Rechnungen mit einem einzigen Klick bezahlen. Mit den Budgetierungstools in Online-Banking-Apps können Sie eine Aufschlüsselung darüber anzeigen, wann, wo und wie Sie im Laufe der Zeit Geld ausgeben.

E. Fahren

Während abgelenktes Fahren für jeden ein ernstes Problem darstellt, sind Erwachsene mit ADHS möglicherweise besonders gefährdet. Seien Sie sich der Auswirkungen von Ablenkung und Unaufmerksamkeit beim Fahren bewusst. Es ist wichtig, alle potenziellen Ablenkungen, insbesondere Mobiltelefone, zu eliminieren. In vielen Bundesstaaten sind SMS-Nachrichten und Autofahren gesetzeswidrig und äußerst gefährlich. Schalten Sie daher alle Benachrichtigungen aus, bevor Sie losfahren.

Ihre Fähigkeit, mit Ihren Symptomen umzugehen, kann verbessert werden, indem Sie Beratung, Medikamentenmanagement und Lebensorganisation in Ihren Alltag integrieren. Sei aufrichtig; Dies wird sich nicht über Nacht ändern, aber wenn Sie sich jeden Tag anstrengen, können Sie Routinen und Bewältigungsmechanismen entwickeln. ADHS im Erwachsenenalter ist eine Erkrankung, die ein Leben lang anhält, aber Ihre Lebensqualität nicht unbedingt beeinträchtigen muss.

KAPITEL SIEBEN

ADHS-Überlebenstechniken

Die meisten Menschen sind sich der Verkabelung eines ADHS-Gehirns nicht bewusst. Eltern, Lehrer und Ehepartner mit guten Absichten schlagen Organisations- oder Konzentrationsmethoden vor, die sie als wirksam erachtet haben, aber wenn wir nicht die gleichen Ergebnisse sehen, sind sie überrascht oder sogar wütend. Sie schreien uns vielleicht an oder fordern uns auf, es noch einmal zu versuchen, indem sie andeuten, dass unser Versagen auf einen fundamentalen Fehler zurückzuführen sei, und sagen: „Du bist faul!" oder „Du hast es nicht versucht." In Wirklichkeit stehen wir jedoch vor einem Scheitern, weil neurotypische Methoden bei ADHS-Gehirnen einfach nicht funktionieren.

Gewohnheiten, die sich im Laufe der Zeit gebildet haben, sind schwer zu durchbrechen. Aber wenn Sie sich entscheiden, die alten neurotypischen Methoden, die nie funktioniert haben, nicht mehr anzuwenden, können

Sie einen Behandlungsplan erstellen, der genau auf Sie zugeschnitten ist. Hier sind einige Strategien, die Ihnen dabei helfen, dies zu erreichen:

• **Finden Sie Ihre Cheerleaderin:** Eine Cheerleaderin zu haben, die fest an Ihre Güte, Intelligenz und Liebe glaubt, ist für Erfolg und Glück von entscheidender Bedeutung. Die erfolgreichsten Erwachsenen mit ADHS hatten Eltern, Lehrer, Brüder oder sogar Sporttrainer, die sie liebten, unterstützten und schätzten, als sie jung waren. Die Hauptaufgabe einer Cheerleaderin besteht darin, zwischen dem Wert und den Leistungen des Kindes zu unterscheiden.

• **Verstehen Sie Ihr ADHS:** Die ADHS-Therapie sollte mit einem Verständnis der Fähigkeiten und Grenzen einer Person sowie einer realistischen Einschätzung dieser Fähigkeiten beginnen. Kinder mit ADHS sollten nicht für Dinge zur Verantwortung gezogen werden, die sie jetzt nicht tun können, auch wenn sie dies in Zukunft tun können. Verantwortung und Rechenschaftspflicht sind vorteilhafte Eigenschaften, aber nur, wenn sie zum Erfolg führen. Jedes Familienmitglied muss Teil des Behandlungsteams sein, damit es alles über ADHS lernen und helfen kann.

• **Alles fair gestalten:** Die Einnahme der richtigen ADHS-Medikamente in der richtigen Dosierung kann die Fähigkeit eines Patienten verbessern, sich zu konzentrieren, seine Impulsivität zu kontrollieren und seinen Körper zu bewegen. Versuchen Sie es erneut mit einer ADHS-Beratung oder einem ADHS-Coaching mit Medikamenten, wenn Sie es ohne Medikamente versucht haben und nicht die gewünschten Ergebnisse erzielt haben. Die meisten Menschen, die Medikamente gegen ADHS einnehmen, haben häufig zum ersten Mal in ihrem Leben das Gefühl, auf Augenhöhe zu konkurrieren.

• **Erledigen Sie Ihre Aufgabe mit ACT:** Für Menschen mit ADHS reicht es als Motivation nicht aus, eine Frist einzuhalten oder etwas zu tun, das Ihr Chef für wichtig hält. Die Akzeptanz- und Bindungstherapie (ACT) hilft Menschen mit ADHS, konzentriert und motiviert zu bleiben, wenn Belohnungen dies nicht tun. Patienten nehmen an ACT teil, indem sie sich fragen: „Tue ich etwas, das mir wichtig ist?" und über die Dinge nachdenken, die ihnen am wichtigsten sind, wie ihren Glauben an Gott, ihre Familie, Rekorde brechen oder berühmt werden.

- **Halten Sie Ihre Erfolge fest:** Nehmen Sie einen Stift und einen kleinen Block mit und erstellen Sie eine Liste der Lösungen, die für Sie wirken, wenn Sie das richtige Medikament in der richtigen Dosis einnehmen. Denken Sie an die Momente, in denen Sie engagiert, produktiv und voller Energie sind, auch als „Zone" bekannt. Wann genau war es? Was hat Sie zurück in die Zone gebracht und was hat Sie daraus herausgeholt? Wenn Sie zögern, haben Sie ungefähr 20 Strategien, von denen Sie wissen, dass sie nach einem Monat für Sie funktionieren werden.

- **Wecken Sie Interesse, wenn Sie es brauchen:** Menschen mit ADHS müssen Interesse entwickeln, wo von Natur aus keins vorhanden ist, um ihre Fähigkeiten voll auszuschöpfen. Beispiel: Eine ADHS-klinische Zweitstudie hat die grobe Anatomie durchgefallen. Sein ADHS-Mentor täuschte ihn zum Traumazentrumsspezialisten, der Präsident Kennedy behandelte, nachdem er angeschossen worden war, zur Studentenlegende und Inspiration für den Besuch einer Klinikschule. Damit er Kennedys Leben retten konnte, musste er sich mit Anatomie auskennen.

- **Ändern Sie den Stil:** Einer Person mit ADHS könnte es schwerfallen, das zu zeigen, was die betreffende Person weiß, weil der Zweitschüler offenbar mit Ernsthaftigkeit die Anatomie verstand und als Zweiter in seiner Klasse abschloss. Auf diese Weise sollte er nach neuen Methoden suchen, um sein Können unter Beweis zu stellen. Beispiel: Im Englischunterricht hatte ein junger Schüler mit ADHS Schwierigkeiten beim Verfassen von

Aufgaben. Die Bücher, die er lesen sollte, langweilten ihn. Er unterhielt sich mit seiner Erzieherin und überredete sie, ihm das Verfassen von Satiren aus den Büchern statt von Buchrezensionen zu erlauben. Er erledigte die Aufgaben schnell und belegte in seinem Englischkurs den ersten Platz

• **Die Kontrolle übernehmen:** Erwachsene und Kinder mit ADHS möchten, dass andere Menschen die Dinge interessant machen, aber wir sollten es selbst tun. Beispiel: Finden Sie heraus, welcher Ihrer fünf Englischkurse einen klugen und engagierten Lehrer hat. Nehmen Sie an Kursen teil und holen Sie Feedback von Schülern ein. Wählen Sie den Kurs, der Ihr größtes Interesse weckt. Wenn Sie ein Elternteil sind, schließen Sie im Individualized Education Program (IEP) Ihres Kindes eine Vorkehrung ein, die es ihm ermöglicht, sich vor seinen Klassenkameraden anzumelden, um sicherzustellen, dass es in die Klasse aufgenommen wird.

- **Richten Sie Wettbewerbe ein, um Langeweile zu vermeiden:** Menschen mit ADHS lernen schnell neue Berufe und Tätigkeiten kennen, verlieren aber schnell das Interesse. Wettbewerb und Herausforderungen können von Vorteil sein. Viele Menschen mit ADHS sind daran interessiert, ihre persönliche Bestleistung zu übertreffen oder sich die Aufgabe als ein Videospiel mit immer schwierigeren Levels vorzustellen.

- **Spüren Sie Unebenheiten auf, um konzentriert zu bleiben:** Körperverdoppelung ist eine Methode, die von Nachhilfelehrern angewendet wird, aber auch Menschen mit ADHS am Arbeitsplatz helfen kann. Finden Sie einen Anstoß, um bei der Aufgabe zu bleiben. Beispiel: Ein Anwalt mit ADHS war so erschöpft, weil er ständig Fristen einhalten musste, bis zu dem Punkt, an dem es kein Zurück mehr gab. Er bat seinen Kollegen, ihm jeden Fall einzeln zu bringen, nachdem er seinen Arbeitsplatz von Ablenkungen befreit hatte. Sie schaute nach ihm, nachdem sie darüber gesprochen hatten, was er vorhatte. Sie holte zu einem vorher festgelegten Zeitpunkt die erste Schallplatte heraus und führte ihn zur nächsten Aufgabe.

• **Ordnen Sie die Karten nach Ihren Wünschen an:** Wenn sich kein vertrauenswürdiger Partner einmischt und dabei bleibt, ist die ADHS-Behandlung wahrscheinlich zum Scheitern verurteilt. Zumindest im ersten Jahr wird der Patient nicht die primäre Motivation für die Behandlung sein oder deren Nutzen erkennen können.

KAPITEL ACHT

Selbsthilfestrategien für Erwachsene mit ADHS

1. Seien Sie organisiert

Aufgrund ihrer Unaufmerksamkeit und Ablenkbarkeit sind Organisation und Kontrolle der Unordnung zwei der größten Herausforderungen für Erwachsene mit ADHS. Sich gut zu organisieren, sei es am Arbeitsplatz oder zu Hause, kann dazu führen, dass Sie sich überfordert fühlen, wenn Sie ADHS im Erwachsenenalter haben.

Sie können jedoch lernen, Aufgaben systematisch zu organisieren und in kleinere Schritte zu unterteilen. Sie können für Ordnung sorgen und die Unordnung unter Kontrolle halten, indem Sie verschiedene Routinen und Strukturen einhalten und Tools wie Tagesplaner und Erinnerungen nutzen.

A. Kategorisieren Sie das Wesentliche

Um einen Raum, ein Zuhause oder ein Büro zu organisieren, müssen Sie Ihre Habseligkeiten kategorisieren und entscheiden, welche wesentlich sind und welche aufbewahrt oder weggeworfen werden können. Gewöhnen Sie sich an, Listen zu erstellen und sich Notizen zu machen, um den Überblick zu behalten. Mit täglichen Routinen können Sie Ihre neu organisierte Struktur aufrecht erhalten.

• **Schaffen Sie etwas Platz:** Finden Sie Lagerkästen oder Schränke für die Dinge, die Sie nicht jeden Tag benutzen, indem Sie sich fragen, was Sie am meisten brauchen. Schaffen Sie separate Fächer für Geldscheine, Schlüssel und andere Gegenstände, die leicht verloren gehen können. Bewahren Sie nichts auf, was Sie nicht brauchen.

• **Verwenden Sie einen Tagesplaner oder eine App für einen Kalender:** Die Verwendung eines Smartphone- oder Computerkalenders oder Tagesplaners kann Ihnen dabei helfen, sich Termine und Fristen zu merken. Sie können auch automatische Erinnerungen mit elektronischen Kalendern einrichten, um sicherzustellen, dass Sie geplante Ereignisse nicht vergessen.

•**Setzen Sie Checklisten ein:** Um den Überblick über regelmäßig geplante Aufgaben, Projekte, Fristen und Termine zu behalten, verwenden Sie Listen und Notizen. Bewahren Sie alle Ihre Listen und Notizen in einem Tagesplaner auf, wenn Sie sich für einen solchen entscheiden. Sie haben auch viele Möglichkeiten, es auf Ihrem Computer oder Smartphone zu nutzen. Suchen Sie nach Apps oder Task-Managern mit der Bezeichnung „To-Dos".

• **Behandeln Sie es sofort:** Indem Sie Papiere ablegen, Unordnung aufräumen oder Anrufe sofort statt später beantworten, können Sie Vergesslichkeit, Unordnung und Aufschieben vermeiden. Erledigen Sie die Aufgabe sofort, anstatt sie auf später zu verschieben, wenn sie in weniger als zwei Minuten erledigt werden kann.

B.Kontrolle Ihre ADHS-Papierspur

Wenn Sie an ADHS leiden, kann es sein, dass Sie aufgrund Ihres Papierkrams, der überall in Ihrer Küche, Ihrem Schreibtisch oder Ihrem Büro verstreut ist, große Schwierigkeiten haben, den Überblick zu behalten. Richten Sie ein Papierkramsystem ein, das am Nachmittag für Sie funktioniert.

• **Richten Sie ein Dateisystem ein:** Verwenden Sie für verschiedene Arten von Dokumenten (z. B. Quittungen, Einkommensabrechnungen und Krankenakten) Trennblätter oder separate Aktenordner. Beschriften und färben Sie Ihre Dateien, damit Sie schnell finden, was Sie brauchen.

• **Bearbeiten Sie Ihre Post jeden Tag:** Nehmen Sie sich jeden Tag ein paar Minuten Zeit, um die Post zu bearbeiten, am besten gleich nach dem Eintreffen. Es ist hilfreich, einen bestimmten Ort zu haben, an dem Sie die Post sortieren und entweder in den Papierkorb werfen, ablegen oder darauf reagieren können.

•**Vermeiden Sie den Papierverbrauch so weit wie möglich:** Reduzieren Sie die Menge an Papier, die Sie verwalten müssen. Fordern Sie anstelle von Artikulationen und Rechnungen in Papierform elektronische Kopien. Indem Sie sich vom Mail Preference Service der Direct Marketing Association (DMA) abmelden, können Sie auch Junk-Mails reduzieren.

2. Kontrollieren Sie Ihre Zeit

ADHS-Patienten haben häufig Schwierigkeiten, ihre Zeit einzuteilen. Es kommt häufig vor, dass Sie falsch einschätzen, wie viel Zeit Sie für die Erledigung von Aufgaben benötigen, Fristen verpassen, zögern, unterschätzen, wie viel Zeit Sie für die Erledigung benötigen, oder Dinge in der falschen Reihenfolge erledigen. Hyperfokussierung oder übermäßige Konzentration auf eine Aufgabe ist ein häufiges Verhalten bei Erwachsenen mit ADHS. Diese Herausforderungen können dazu führen, dass Sie sich unzulänglich und frustriert fühlen und andere Menschen ungeduldig machen, aber es gibt Möglichkeiten, Ihre Zeit besser zu verwalten.

A. Tipps zum Zeitmanagement

Erwachsene, die an einer Aufmerksamkeitsdefizitstörung leiden, haben häufig eine andere Sicht auf den Zeitablauf.

Benutzen Sie den ältesten Trick im Buch, um Ihr Zeitgefühl mit allen anderen in Einklang zu bringen: einen Timer.

Seien Sie ein Beobachter der Uhr. Um den Überblick über die Zeit zu behalten, verwenden Sie eine Armbanduhr oder eine gut sichtbare Wand- oder Tischuhr. Machen Sie eine mentale oder mündliche Aufzeichnung der Zeit, die Ihnen für die Erledigung einer Aufgabe zur Verfügung steht, bevor Sie mit der Aufgabe beginnen.

• **Timer nutzen:** Verwenden Sie einen Timer oder Alarm, um Sie daran zu erinnern, wann die für jede Aufgabe vorgesehene Zeit abgelaufen ist. Erwägen Sie die Einstellung eines Alarms, der bei längeren Aufgaben regelmäßig ertönt, damit Sie produktiv bleiben und wissen, wie viel Zeit vergangen ist.

•**Überschätzen Sie den Zeitbedarf:** Erwachsene mit ADHS sind bekannt für ihr schlechtes Zeiteinschätzungsvermögen. Gönnen Sie sich alle dreißig Minuten, die Sie voraussichtlich benötigen, um eine Aufgabe zu erledigen oder irgendwohin zu gelangen, ein Zeitpolster von zehn Minuten.

• **Bereiten Sie sich rechtzeitig vor und legen Sie Erinnerungen fest:** Merken Sie sich Termine fünfzehn Minuten im Voraus vor. Damit Sie beim Verlassen nicht hektisch nach Ihren Schlüsseln oder Ihrem Telefon suchen müssen, richten Sie Erinnerungen ein, um sicherzustellen, dass Sie pünktlich gehen. Stellen Sie außerdem sicher, dass Sie im Voraus alles haben, was Sie brauchen.

B. Tipps zum Setzen von Prioritäten

Erwachsene mit ADHS haben häufig Probleme mit der Impulskontrolle und wechseln häufig das Thema, was es schwierig macht, Aufgaben und große Projekte zu erledigen, die überwältigend erscheinen.

Um dies zu umgehen:

• **Wählen Sie die erste Option:** Sie sollten sich fragen, was die wichtigste Aufgabe ist, und dann Ihre anderen Aufgaben in der Reihenfolge von der wichtigsten zur unwichtigsten ordnen.

• **Machen Sie jeden Step-in-Zug:** Teilen Sie große Aufgaben oder Projekte in überschaubare Schritte auf.

•**Konzentriert bleiben:** Halten Sie Ihren Zeitplan ein und nutzen Sie bei Bedarf einen Timer, um ihn durchzusetzen, um nicht verloren zu gehen.

C. Lernen Sie, Nein zu sagen.

Erwachsene mit ADHS, die impulsiv sind, sind möglicherweise mit zu vielen Arbeitsprojekten oder sozialen Aktivitäten einverstanden. Ein voller

Terminkalender kann jedoch dazu führen, dass Sie sich müde und erschöpft fühlen, was die Qualität Ihrer Arbeit beeinträchtigen kann. Wenn Sie Gelegenheiten ablehnen, fällt es Ihnen leichter, Aufgaben zu erledigen, gesellige Verabredungen einzuhalten und einen gesünderen Lebensstil zu führen. Bevor Sie etwas Neues beginnen, überprüfen Sie zunächst Ihren Zeitplan.

3. Verwalten Sie Ihre Finanzen und Rechnungen

Für viele Erwachsene mit ADHS kann der Umgang mit Geld schwierig sein, da er Budgetierung, Planung und Organisation erfordert. Da sie zu viel Zeit, Papier und Liebe zum Detail erfordern, funktionieren viele gängige Finanzmanagementstrategien normalerweise nicht für Erwachsene mit ADHS.

Sie können jedoch den Überblick über Ihre Finanzen behalten und Mehrausgaben, überfällige Rechnungen und Strafen für das Versäumen von Fristen verhindern, indem Sie ein System schaffen, das sowohl einfach als auch konsistent ist.

A. Begrenzen und überwachen Sie Ihr Budget

Der erste Schritt zur Kontrolle Ihres Budgets besteht darin, Ihre finanzielle Situation ehrlich einzuschätzen. Beginnen Sie damit, einen Monat lang jede noch so kleine Ausgabe im Auge zu behalten. Dadurch können Sie effektiv prüfen, wohin Ihr Geld fließt. Es könnte Sie überraschen, wie viel Sie für unnötige Artikel und Impulskäufe ausgeben. Sobald Sie diese Momentaufnahme Ihres Ausgabeverhaltens haben, können Sie damit ein Monatsbudget erstellen, das auf Ihren Bedürfnissen und Ihrem Einkommen basiert.

Bestimmen Sie Ihre Optionen, um innerhalb Ihres Budgets zu bleiben. Sie können beispielsweise eine Strategie zum Essen vor Ort entwickeln, wenn Sie in Restaurants zu viel ausgeben und Zeit für Lebensmitteleinkäufe und Essenszubereitung einplanen.

B. Richten Sie ein einfaches System zur Verwaltung Ihres Geldes und zum Bezahlen von Rechnungen ein

Richten Sie ein einfaches, organisiertes System ein, das Ihnen hilft, den Überblick über Ihre Rechnungen zu behalten und Quittungen und Dokumente aufzubewahren. Die Möglichkeit, Online-Banking zu betreiben, kann ein Geschenk sein, das Erwachsenen mit ADHS immer wieder geschenkt wird. Wenn Geld online organisiert wird, gibt es weniger Papierkram, keine schlampige Handschrift und keine verlorenen Belege.

- **Nutzen Sie stattdessen Online-Banking:** Der unvorhersehbare Prozess des Budgetausgleichs kann durch die Anmeldung zum Online-Banking vermieden werden. Alle Ihre Einzahlungen und Zahlungen werden in Ihrem Online-Konto aufgeführt und Ihr Tagessaldo wird automatisch auf den Cent genau verfolgt. Sie können sich auch jederzeit anmelden, wenn Sie Ihre unregelmäßigen und gelegentlichen Rechnungen bezahlen müssen, und automatische Zahlungen für Ihre regelmäßigen monatlichen Rechnungen einrichten. Der Clou: keine verlorenen Umschläge oder Verspätungsgebühren.

- **Erinnerungen für die Zahlung von Rechnungen einrichten:** Wenn Sie keine automatischen Zahlungen einrichten möchten, können elektronische Mahnungen die Rechnungszahlung dennoch erleichtern. Über das Online-Banking können Sie möglicherweise Erinnerungen in Ihrer Kalender-App planen oder diese per SMS oder E-Mail versenden.

- **Nutzen Sie moderne Technologie:** Sie können kostenlose Dienste wie Manilla und Mint nutzen, um den Überblick über Ihre Konten und Finanzen zu behalten. Obwohl die Einrichtung der Dienste einige Zeit in Anspruch nimmt, werden Ihre Konten nach der Verknüpfung automatisch aktualisiert. Rechnungen und Kontoauszüge aller Ihrer Konten werden in Manilla konsolidiert. Mint bietet Budgetierungs- und andere Finanzanalysetools sowie die Möglichkeit, den Überblick über alle Ihre Bankkonto- und Kreditkartentransaktionen zu behalten. Mit beiden Tools kann Ihr finanzielles Leben einfacher werden.

• **Hören Sie spontan mit dem Einkaufen auf:** Durch ADHS verursachte Impulsivität und Einkaufen können zusammen sehr gefährlich sein. Es könnte Sie Geld kosten und dazu führen, dass Sie sich schlecht fühlen und sich schämen. Mit den folgenden sorgfältig durchdachten Strategien können Impulskäufe vermieden werden.

• Kaufen Sie Dinge nur mit Bargeld; Lassen Sie Ihre Kreditkarten und Ihr Scheckbuch zu Hause.

• Sperren Sie alle Kreditkarten bis auf eine. Machen Sie vor dem Einkauf eine Liste mit dem, was Sie brauchen, und halten Sie sich daran.

• Führen Sie beim Einkaufen eine laufende Summe mit einem Taschenrechner (Tipp: Sie haben einen auf Ihrem Telefon).

• Vermeiden Sie Orte, an denen Sie wahrscheinlich viel Geld ausgeben, werfen Sie Kataloge weg, sobald sie eintreffen, und blockieren Sie E-Mails von Einzelhändlern.

4. Behalten Sie die Konzentration bei der Arbeit bei

ADHS kann bei der Arbeit einzigartige Herausforderungen mit sich bringen. Die Aufgaben, die Sie möglicherweise am anspruchsvollsten finden; Organisation, Aufgaben erledigen, still bleiben und ruhig zuhören sind auch Dinge, die Sie den ganzen Tag über häufig erledigen müssen.

Es ist nicht einfach, mit ADHS umzugehen, während man einen anspruchsvollen Job ausübt. Sie können jedoch Ihre Stärken maximieren und gleichzeitig die negativen Auswirkungen Ihrer ADHS-Symptome minimieren, indem Sie Ihren Arbeitsplatz individuell gestalten.

A. Seien Sie organisiert

Ordnen Sie Ihr Büro, Ihre Kabine oder Ihren Schreibtisch Schritt für Schritt an, um bei der Arbeit organisiert zu sein. Wenden Sie dann die folgenden Methoden an, um Ordnung und Sauberkeit aufrechtzuerhalten:

• **Nehmen Sie sich jeden Tag Zeit für Ihre Arrangements:** Reinigen Sie Ihren Schreibtisch und organisieren Sie Ihren Papierkram alle 5 bis 10 Minuten. Versuchen Sie, Dinge in Ihrem Schreibtisch oder in Behältern aufzubewahren, um herauszufinden, was sich am besten eignet, um sie von Ihrem Arbeitsplatz fernzuhalten und Ihnen nicht im Weg zu stehen.

• **Listen und Farben verwenden:** Für Menschen mit ADHS kann die Farbkodierung äußerst hilfreich sein. Behalten Sie den Überblick, indem Sie es aufschreiben.

•**Priorisieren:** Priorisieren Sie dringendere Aufgaben. Auch wenn Sie sich die Fristen selbst auferlegen, legen Sie sie für alles fest.

B. Ablenkungen loswerden

Lassen Sie Ihre Kollegen wissen, dass Sie sich konzentrieren müssen, und probieren Sie die folgenden Methoden aus, um nicht abgelenkt zu werden:

• **Wo Sie arbeiten, ist wichtig:** Möglicherweise können Sie in einem leeren Büro oder Konferenzraum arbeiten, wenn Sie kein eigenes haben. Wenn Sie sich in einer Konferenz oder einem Hörsaal befinden, versuchen Sie, neben dem Redner und entfernt von den Personen zu sitzen, die während des Meetings sprechen.

• **Reduzieren Sie äußere Störungen:** Sorgen Sie für einen aufgeräumten Arbeitsplatz, indem Sie Ihren Schreibtisch in Richtung einer Wand richten. Sie könnten sogar ein „Bitte nicht stören"-Schild aufstellen, um Störungen zu vermeiden. Wenn Sie können, stellen Sie Ihre Voicemail so ein, dass sie Ihre Anrufe entgegennimmt und später zurückruft. Ziehen Sie Kopfhörer mit Geräuschunterdrückung oder eine Soundmaschine in Betracht, wenn Sie durch Lärm leicht abgelenkt werden.

- **Bewahren Sie große Konzepte für später auf:** All diese wunderbaren Ideen, die Ihnen immer wieder in den Sinn kommen? Notieren Sie sie auf Papier, damit Sie sie später ansehen können.

C. Verlängern Sie Ihre Aufmerksamkeitsspanne

Als Erwachsener mit ADHS sind Sie konzentrationsfähig; Es kann jedoch schwierig sein, diesen Fokus beizubehalten, insbesondere wenn die Aktivität nicht besonders spannend ist. Für Erwachsene mit ADHS können langweilige Besprechungen und Vorträge eine besondere Herausforderung darstellen. Ebenso kann es für Menschen mit ADHS schwierig sein, mehreren Anweisungen zu folgen.

Verbessern Sie Ihren Fokus und Ihre Fähigkeit, Anweisungen zu befolgen, indem Sie die folgenden Vorschläge anwenden:

- **Bringen Sie es zu Papier:** Fordern Sie vorab eine Kopie relevanter Materialien an, z. B. der Tagesordnung für eine Besprechung oder einer Gliederung für die

Vorlesung, wenn Sie an einem Workshop, einer Besprechung, einem Vortrag oder einer anderen Veranstaltung teilnehmen, die besondere Aufmerksamkeit erfordert. Nutzen Sie die schriftlichen Notizen, um während des Meetings aktiv zuzuhören und Notizen zu machen. Wenn Sie beim Zuhören schreiben, können Sie sich besser auf das konzentrieren, was der Sprecher sagt.

• **Wiederholen Sie die Anweisungen und Empfehlungen:** Wenn Ihnen jemand mündlich Anweisungen gibt, wiederholen Sie diese laut, um sicherzustellen, dass Sie sie verstanden haben.

• **Herumlaufen:** Bewegen Sie sich zur richtigen Zeit und an den richtigen Orten, um Unruhe und Unruhe zu vermeiden. Ein Spaziergang oder sogar das Auf- und Abspringen beispielsweise während einer Besprechungspause kann Ihnen helfen, später aufmerksamer zu sein, solange Sie niemanden sonst belästigen oder stören.

5. Verbessern Sie Ihre Stimmung und bewältigen Sie Stress

Aufgrund Ihrer Impulsivität und mangelnden Organisation, die häufig mit ADHS einhergehen, können Sie Schwierigkeiten haben, normal zu schlafen, sich ungesund zu ernähren oder sich ausreichend zu bewegen, was dazu führen kann, dass Sie sich gestresst und außer Kontrolle geraten.

Die wirksamste Strategie, diesen Teufelskreis zu durchbrechen, besteht darin, die Kontrolle über Ihre Lebensgewohnheiten zu übernehmen und neue, gesunde Routinen zu entwickeln.

Sie können Ihre Fassung bewahren, Stimmungsschwankungen vermeiden und in vielen Fällen die Symptome von Angstzuständen und Depressionen bekämpfen, indem Sie sich gut ernähren, viel schlafen und regelmäßig Sport treiben.

Regelmäßige Gewohnheiten können dazu führen, dass sich Ihr Leben besser beherrschbar anfühlt, und gesündere Gewohnheiten können auch ADHS-Symptome wie Unaufmerksamkeit, Hyperaktivität und Ablenkbarkeit reduzieren. Zu den regelmäßigen Aktivitäten gehören:

A. Körperliche Aktivität

Es ist wahrscheinlich die vorteilhafteste und wirksamste Behandlung für ADHS-bedingte Hyperaktivität und Unaufmerksamkeit.

Sport kann Ihnen helfen, überschüssige Energie und Aggression loszuwerden, die Beziehungen und Stabilität beeinträchtigen können. Es kann auch Ihre Stimmung verbessern, Ihren Geist beruhigen und Stress abbauen.

• **Tägliches Training:** Sie können bei etwas bleiben, das Spaß macht und aktiv ist, wie zum Beispiel einem Mannschaftssport oder dem Training mit einem Freund. Treiben Sie draußen Sport, um Stress abzubauen, denn Menschen mit ADHS profitieren oft von Sonnenschein und viel Grün.

Versuchen Sie, Dinge zu tun, die Ihnen helfen, sich zu entspannen, wie Yoga, Meditation oder Tai Chi. Es kann Ihnen beibringen, Ihre Aufmerksamkeit und Impulse besser zu kontrollieren und Stress abzubauen.

B. Mehr Schlaf bekommen

Schlafmangel kann die ADHS-Symptome bei Erwachsenen verschlimmern und es schwieriger machen, mit Stress umzugehen und den ganzen Tag über konzentriert zu bleiben. Kleine Anpassungen Ihres Tagesablaufs können Ihnen erheblich dabei helfen, gut zu schlafen.

• Vermeiden Sie es, nachts Koffein zu trinken.

• Treiben Sie regelmäßig und intensiv Sport, jedoch nicht vor dem Schlafengehen.

• Richten Sie eine Routine für die „Schlafenszeit" ein, die sowohl vorhersehbar als auch ruhig ist, z. B. eine heiße Dusche oder ein heißes Bad kurz vor dem Schlafengehen.

• Halten Sie einen regelmäßigen Schlaf-Wach-Rhythmus ein, auch am Wochenende.

C. Gut essen

Essen kann Stress, Hyperaktivität und Ablenkbarkeit deutlich reduzieren. Essen Sie über den Tag verteilt mehrere kleine Mahlzeiten, verzichten Sie so weit wie möglich auf Zucker, nehmen Sie weniger Kohlenhydrate zu sich und nehmen Sie mehr Eiweiß zu sich.

KAPITEL NEUN

ABSCHLUSS

ADHS kann die akademischen oder beruflichen Leistungen sowie persönliche Beziehungen beeinträchtigen, wenn es unbehandelt und nicht diagnostiziert wird.

Als Erwachsener mit ADHS ist es nicht einfach. Wenn Sie jedoch die richtige Behandlung erhalten und einige Änderungen an Ihrem Lebensstil vornehmen, können Sie Ihre Symptome erheblich lindern und Ihr Leben besser leben.

Strategien für Erwachsene mit ADHS können Menschen dabei helfen, mit den Problemen umzugehen, die Impulsivität, Hyperaktivität und Unaufmerksamkeit verursachen können.

Das Festlegen von Kalendererinnerungen kann Vergesslichkeit vorbeugen, die Organisation von Räumen kann dem Verlust wichtiger Dinge vorbeugen und das Entfernen von Ablenkungen beim Autofahren kann die Sicherheit erhöhen.

Die Symptome einer Person, ihre Krankengeschichte und in manchen Fällen auch die Ergebnisse psychologischer Tests werden von Ärzten zur Diagnose von ADHS herangezogen. Menschen, die eine Diagnose erhalten, können ihre Symptome möglicherweise leichter mit Medikamenten oder anderen Behandlungsformen in den Griff bekommen.